이덕은 색실누비집

색실로 한 줄 누벼 놓으면

이덕은 색실누비집
색실로 한 줄 누벼 놓으면

초판 1쇄 발행 2020년 10월 28일
초판 3쇄 발행 2023년 4월 28일
지은이 이덕은
펴낸이 류한경
펴낸곳 한스북스
등록 제301-2011-205호(2011. 11. 15)
주소 서울시 중구 퇴계로32길 24 예장빌딩 301호
전화 02-3273-1247

ⓒ이덕은 2020
ISBN 979-11-87317-08-1 (13630)

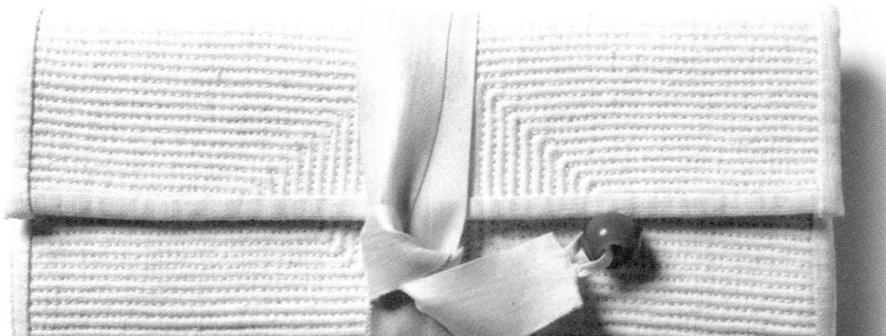

그저 혼잣말…

누군가 내게 말한다.

나이 들어 눈도 침침해지는데 힘든 바느질은 왜 하냐고… 다른 걸 하자고 한다. 그저 손으로 무언가 만드는 걸 좋아하던 나는 여인과 가까운 바늘을 도구로 잡았을 뿐 처음부터 어떤 계획이나 목표가 있었던 건 아니었다. 지금도 이 글을 쓰는 것이 과연 잘하는 짓인지 하루에도 수백 번씩 되묻곤 한다.

내가 처음 규방공예에 관심을 가지게 된 것은 모시러너와 경상도 골무 때문이다.

시어머님 생신선물로 모시러너를 사드리고 싶어 인사동에 갔는데 그때 내 주머니 사정으로는 마음에 드는 걸 사기가 녹녹치 않았다. 옆에 있는 친구가 "애, 너 손재주 좋은데 네가 만들어" 라는 말에 그야말로 손재주를 믿고 겁 없이 모시러너를 만들기 시작했다. 이때 만든 모시러너는 제 자리는 아니지만 아직도 어머님 댁에 놓여있다. 며느리의 첫 작품인지도 모르시고 잘 만들어진 것은 아니지만 손으로 만든 정성에 아직 버리지 못하신 듯싶다. 그러다 바느질도 배울 수 있다는 걸 알고 공방에 나가게 되었고 경상도 골무를 알게 되었다. 지역의 특색에 따라 쓰임새는 같아도 형태가 다르게 디자인되고 만들어진다는 것이 무척 흥미로웠다.

규방공예에 재미를 알게될 쯤 색실누비를 만나게 되었다. 가슴이 콩닥거리고 설레임에 잠도 못자고 며칠을 바라보아도 이쁘기만한 그 쌈지 하나가 내 삶의 방향을 바꿔 놓을 줄은 그땐 몰랐다. 그저 예뻐서 만들고 싶었고 더 예쁘게 만들고 싶었다.

염색을 하고 다듬이를 하고 색실을 펼쳐놓으면 행복했다.

염색한 천에게 묻는다. 어떤 친구를 만나고 싶냐고…. 색실로 한 줄 누벼 놓으면 또 다시 묻는다. 네 친구는 어떤 색 이냐고…. 그렇게 초록을 누비고 초록의 친구를 누비고…. 그 재미에 가득 누벼진 문양을 바라보고 바이어스를 대고 형태를 만들어 쌈지 하나 만들면 보물을 얻은 냥 의기양양해져 며칠을 보낸다.

누가 알까 부끄러운 사치이다.

알 수 없지만 많은 생각들이 머릿속을 가득 채우거나 사람들의 말로 마음이 가득 채워진 날에는 늦은 시간이더라도 바늘을 잡는다. 실을 꿰고 한 땀 한 땀 누벼가다 보면 어느새 평온해져 있음을 느낀다. 마치 국수 삶는 냄비에 찬물을 조금 넣으면 요란하게 끓던 냄비속 물이 잠잠해지듯이.

누비는 내게 생각을 잡아주는 친구이다. 앞으로 달려가 불안해지는 생각도 시간을 뒤돌아가 아픈 마음도 손끝으로 불러 가만가만 다독이며 지금에 충실해질 수 있게 해준다. 그렇게 한줄 두 줄 누벼가다 보면 아무 생각 없이 바느질에 몰입하게 된다. 나는 이런 누비작업이 좋다. 오랫동안 누리고 싶은 평온함이다.

내 작품이 마음에 들 수도 아니면 실망을 드릴 수도 있을 것이다. 나도 완성된 것이 아니라 지금도 진행 중이라는 말씀으로 양해를 구한다. 이 책으로 인해 함께 색실누비를 만들어 가시는 분이 많아지길 기대해 본다.

2020년 10월

이 덕 은

색실누비를 만들며

색실누비는 학술적인 자료가 거의 없다. 다만 유물을 보면 소박하기 그지없이 무명에 누벼진 담배쌈지나 부시쌈지의 종류가 다다. 유추해 보건대 솜씨 좋은 어머니들이 쉽게 구할 수 있는 재료로 필요에 의해 만들지 않았을까 싶다. 한지의 특성이 습기에 강하기에 무명과 광목 사이에 넣고 누벼 담뱃잎과 한지, 부싯돌, 모두를 한 곳에 모아 편리하게 지니고 다닐 수 있도록 말이다.

전해지는 이야기에 따르면 사내들이 논일을 하다 논두렁에서 잠시 쉬며 연초를 즐길 때 슬쩍 담배쌈지를 내놓아 아내의 솜씨를 자랑하였다고 한다. 그러면 그날 집으로 돌아간 다른 사내는 제 아내에게 담배쌈지를 만들어 달라 채근하였고 솜씨가 부족한 아낙은 한지를 꼬아 넣어 누비는 어려운 쌈지를 한숨을 쉬며 만들었다고 한다.

본디 누비는 천과 천 사이에 목화솜이나 명주솜을 넣어 홈질로 누벼 만든다. 방한을 목적으로 하거나 보강이나 장식을 위한 것이다. 하지만 색실누비는 온박음질하여 만들어진다. 색실누비를 보면 단순한 기능에 만족하지 않고 장식성을 추구하였다. 이는 "용(用)에는 미(美)가 내포되는 것이고, 미(美)는 용(用)을 통하여 드러나는 것이다. -한국의 전통공예, 이종석-"라는 말을 가장 잘 보여주는 것이라 생각한다. 이미 주어진 재료를 사용하여 만드는 이의 역량이 드러나도록 문양을 넣어 지니고 있는 색실을 사용하여 한껏 솜씨를 내었다.

색실누비는 한지를 가늘게 꼬거나 면실을 꼬아 천과 천 사이에 넣고 2mm를 넘지 않게 온박음질한다. 골과 골 사이도 1~2mm를 넘지 않는다. 바느질하기가 여간 까다로운 것이 아니다. 그러기에 크기가 큰 용품보다는 주로 생활용품을 만들기에 적당하였으리라 생각된다. 유물의 종류를 보면 담배쌈지, 부시쌈지, 안경집, 바늘방석처럼 크기가 작고 종류도 한정되어 있다. 색실의 부족함이 보이지만 색이 모자라 작품의 완성도가 미흡하다는 생각은 들지 않는다. 주어진 재료에 만족하며 조화롭고 자연스러운 색감을 살렸는지 그녀들의 미적인 직감에 감탄할 뿐이다. 지금 나의 작업이 화려해지고 색의 유혹을 뿌리치지 못해 많은 색으로 누벼진 작품을 볼 때 나의 부족한 솜씨를 반성하게 된다.

색실누비의 유물이 많지 않은 것에 큰 아쉬움이 있지만 지금 우리가 할 수 있는 것이 다양할 수 있다는 사실은 고무적인 일이다. 전통공예의 전승이란 옛것을 답습하는 것이 아니라 지금의 기술을 가지고 현대의 재료로 만들어 내는 것이라 한다. 그런 점에서 볼 때 색실누비의 발전은 무한하리라 생각한다.

색실누비의 재료 및 도구

자연염료

꼭두서니   홍화   갈대잎

치자   괴화

코치닐   황백   소목

명주

주로 손명주를 사용한다. (지금은 생산되지 않는 것으로 구하기가 어렵다. 하지만 옛
손명주의 짜임과 오래된 다듬이 느낌은 내가 가장 좋아하는 소재이다.)

무명

주로 손무명을 사용한다. (그러나 이도 지금은 생산되는 것이 아니니 재료를 구하기
가 어렵다. 시장에서 가장 얇은 무명을 써도 좋다.)

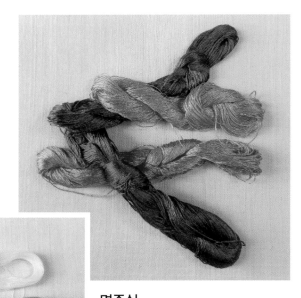

명주실

주로 반푼사를 사용한다.

면실

돌잡이에 쓰이는 면실의 굵기가 가장 적당하다.

실크실, 면실(바이어스용)

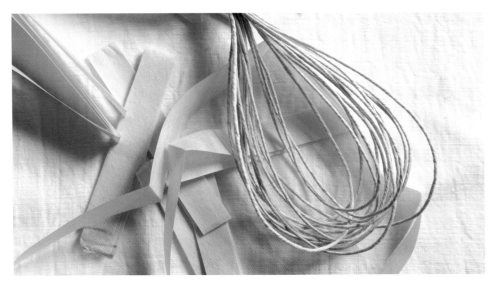

한지끈

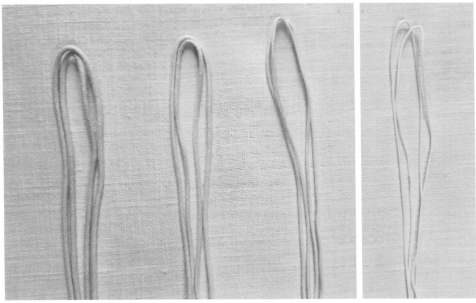

면끈 | 1.8mm 1.5mm 1.2mm

코팅끈

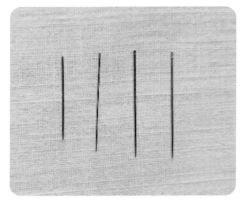

바늘

송곳

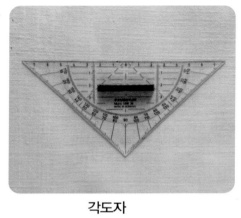

각도자

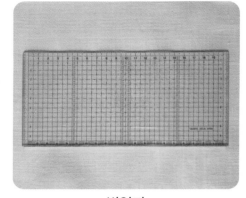

방안자

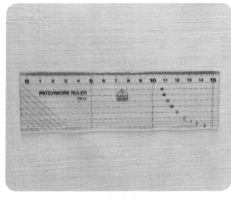

시접자

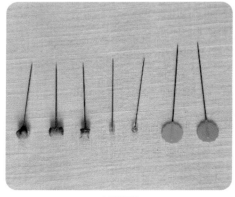

시침핀

쵸크연필

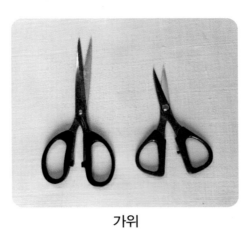

가위

바늘방석

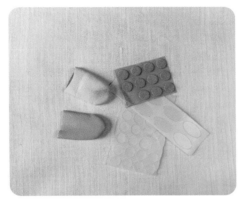

골무

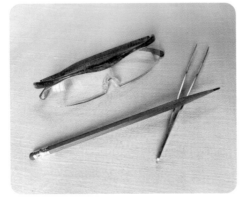

그 밖의 것들

기초 바느질

시침

바늘땀의 간격이 넓은 시침질은 본 바느질을 하기 전에 안감과 겉감이 서로 밀리지 않게 하기 위해 하는 바느질 기법이다. 도안을 그리기 전 시침을 하면 더 좋다. 그려놓은 문양에 온박음질한 후 시침바느질한 실은 제거한다.

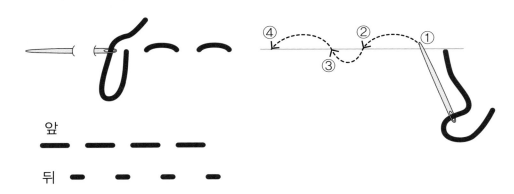

온박음질

주로 사용하는 바느질로 앞으로 한 땀 뜬 후 뒷 바늘땀으로 돌아가서 바늘을 꽂아 다시 앞으로 바느질한다. 앞모양은 재봉틀로 박은 듯 하고 뒷모양은 아웃라인 스티치처럼 실선이 이중으로 보인다.

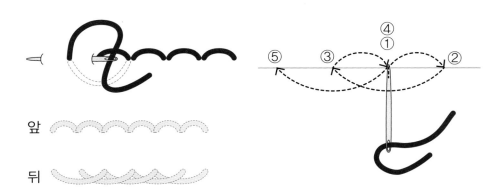

감침질

주로 끈이나 노리개의 꼬리를 만들 때 사용하는 기법이다.

형겊의 겉감이 밖으로 나오게 두 겹의 천의 양끝을 마주대고 바늘을 직각으로 꽂아 바느질 한다. 바늘은 직각이 되나 실은 사선의 모양으로 나타난다.

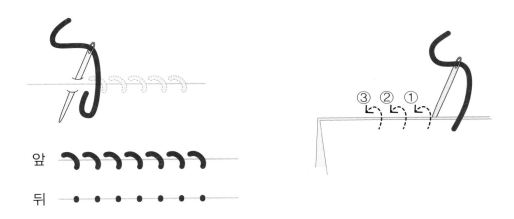

휘갑치기(사뜨기)

완성된 누비천을 바이어스하여 마무리한 후 두 장을 이어줄 때 사용하는 바느질 방법으로 탄탄한 동시에 장식의 효과도 나타낸다. 바늘을 왼쪽 위쪽에서 빼내어 오른쪽 아래쪽으로 꽂아 왼쪽 아래쪽으로 빼내어 다시 오른쪽 위쪽으로 꽂아 교대로 꿰매 겹쳐가는 방법이다.

색실누비의 기초

1) 무명과 뒷지로 쓰일 광목을 마주대고 시침질한다

 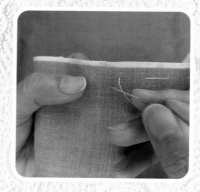

2) 시침한 후 문양을 그려준다

3) 그린 문양을 따라 온박음질한다.

4) 온박음질한 문양을 따라 면끈을 넣어준다.

5) 무명과 광목 사이에 놓인 면끈을 빠지지 않게 잡고 온박음질한다.

6) 한줄을 다 누비면 시작한 점에서 다시 두번째 줄을 누빈다.

7) 문양을 따라 면을 모두 누비면 완성이다.

목차

색실첩 제43회 대한민국전승공예대전(2018) 대통령상 수상작

사진출처_(사)국가무형문화재기능협회

실첩

23cm×23cm(전체 80cm×23cm) | 명주, 명주실, 한지끈, 한지, 은장식

같은 문양이지만
실의 색에 따라
다르게 표현된다.
이어지는 선들은
통일감을 주도록
누볐다.

모란문실첩

13cm×23cm(전체 56cm×23cm) | 명주, 명주실, 한지끈, 한지, 은장식

오래된 다듬이 명주를 그대로 사용하여 각가의 면에 서로 다른 풍경을 누벼 보는 즐거움을 더하였다. 흰 명주에 매화를, 홍화 염색에 모란을, 괴화 염색에 들꽃을, 빛 바랜 쪽염에 연꽃을 누비고 소나무와 대나무를 누벼 입체감을 주었다.

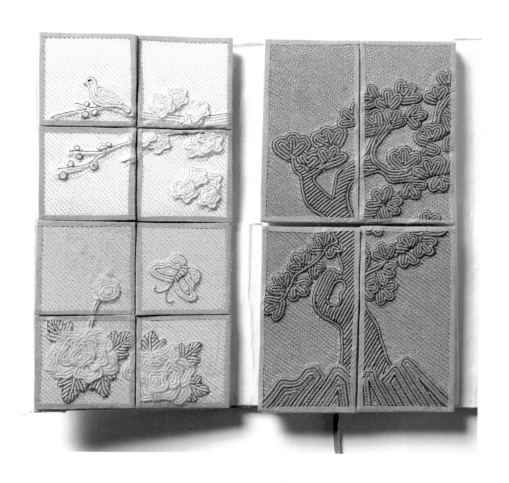

쪽염한 명주에 소나무를 누벼 청명한 기운을 더하였다.
옻칠한 한지로 마무리하였다.

차염색한 명주에 대나무를 누벼 동질감을 주었다.

연잎과 괴화로 염색한 명주에 들꽃과 잠자리를 누비고
오래전 염색된 옥색 명주는 연꽃을 누비기에 안성맞춤이다.

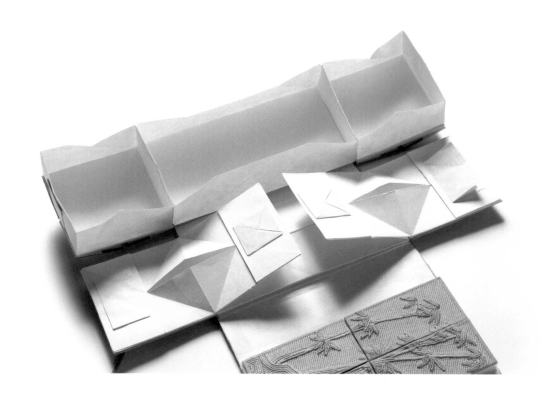

아껴두었던 비단실과 자수 도안들이 상자 안에 보석처럼 보관되어 있을 듯싶다.
크기가 다른 상자와 숨어있는 상자들이 조형미를 더하고 있다.
그 옛날 수리나 공간에 대한 배움이 없어도 종이를 접어 첩을 이루고 공간을 만든
그 손길을 존경한다.

실첩 제40회 대한민국전승공예대전(2015) 특선

13cm×24cm(전체 27cm×24cm) | 무명, 명주실, 한지끈, 한지, 은장식

소박한 무명에 자연염색을 하여 각각 다른 문양으로 누벼 견고함과 아름다움을
갖추었다. 유물에 있는 은고리를 그대로 재현하여 달아주었다.

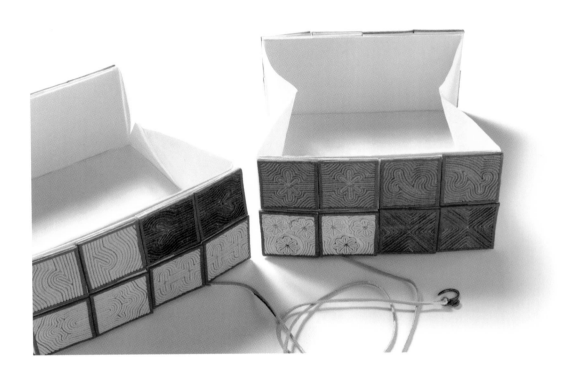

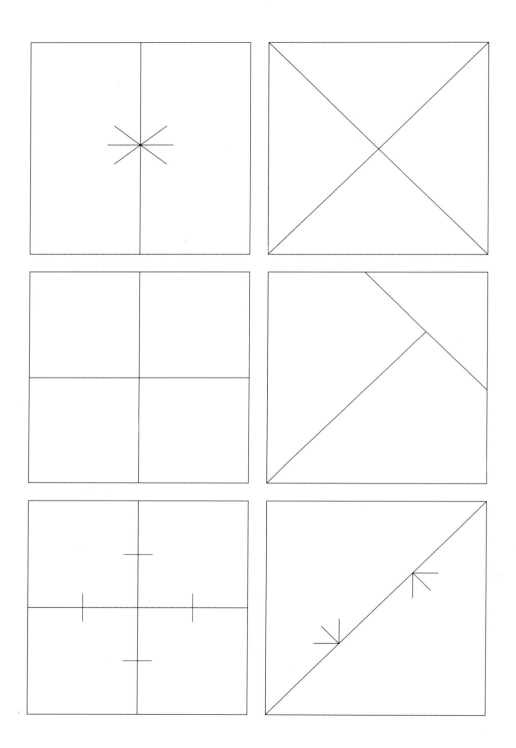

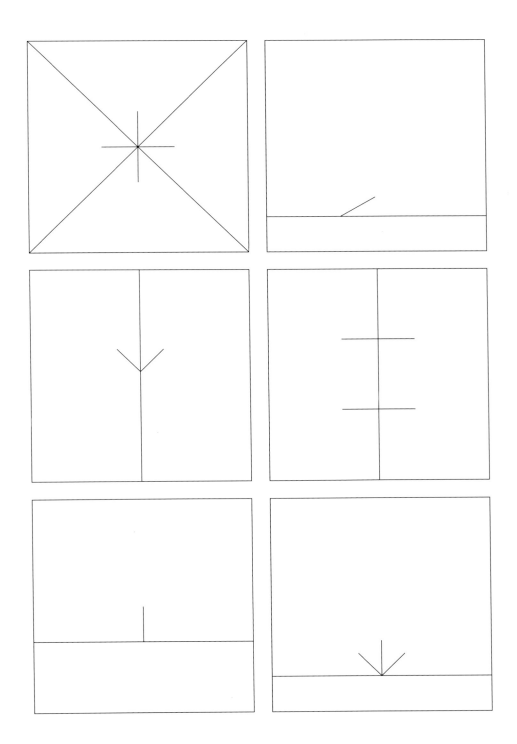

실첩만들기

*배접하기

① 밀가루와 물을 1:4비율로 풀어 끓인다.

② 끓기 시작하면 작은 불로 조절하고 저어주며 40분 뜸을 들이듯 끓여준다.

③ 농도가 묵처럼 되면 풀이 완성된 것이다.

④ 유리판처럼 매끄러운 것에 분무기로 물을 골고루 분사한 후 한지 한 장을 붙인다.

⑤ 그 위에 풀을 바르고 모시를 붙인다.

⑥ 모시 위에 다시 풀을 바르고 한지를 붙인다. 한지 3장과 모시 2장을 붙여 모두 5
  겹의 배접을 한다. 이때 풀을 바르고 한지나 모시를 붙일 때 풀 사이에 공기가
  남지 않도록 자나 헤라를 이용하여 공기를 바깥으로 밀어낸다. 이 작업이 가장
  중요하다.

⑦ 햇볕이 직접 닿지 않는 서늘한 곳에서 5일쯤 말린다.

*백골 만들기
– 배접지 자르기

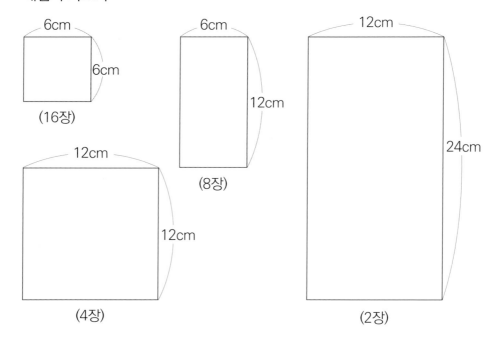

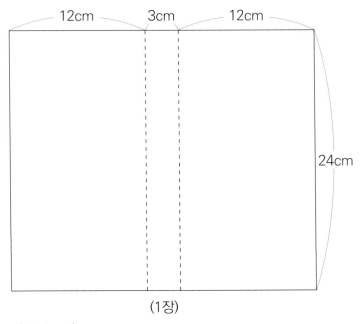

12cm　　3cm　　12cm

24cm

(1장)

− 한지 자르기 (단위:cm)

(1)

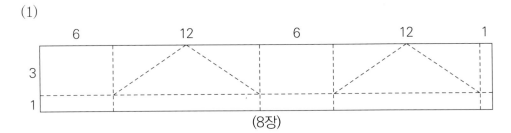

6　　　　12　　　　6　　　　12　　　1

3

1

(8장)

(2)

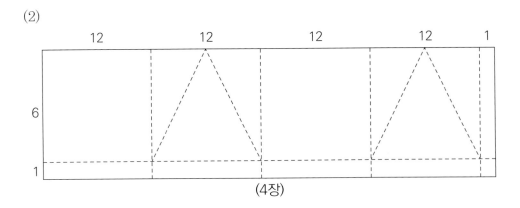

12　　　12　　　12　　　12　　　1

6

1

(4장)

(3)

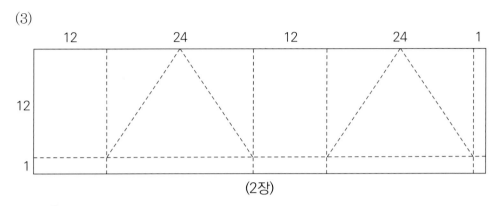

(2장)

(4)

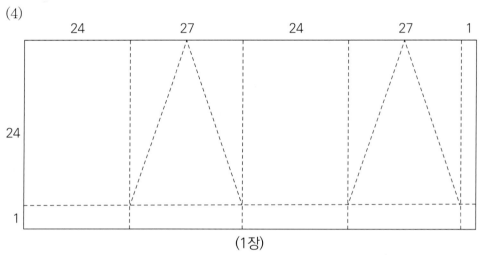

(1장)

(5)

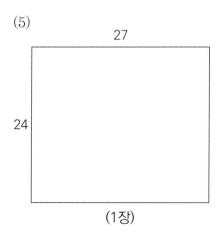

(1장)

– 백골만들기

1) 6cm×12cm의 배접지에 (1)번의 한지를 붙여 점선대로 접어 상자를 만든다.

2) 12cm×12cm의 배접지에 (2)번의 한지를 붙여 점선대로 접어 상자를 만든다.

3) 12cm×24cm의 배접지에 (3)번의 한지를 붙여 점선대로 접어 상자를 만든다.

4) (5)번 24cm×27cm의 한지에 (4)번의 한지를 붙여 점선대로 접어 상자를 만든다.

*누비기

1) 7cm×7cm의 무명에 문양을 그린 후 뒷지로 광목을 대어 문양대로 온박음질한다.

2) 무명과 광목 사이에 1.2mm의 면끈을 넣고 문양을 따라 누빈다.

3) 누벼진 광목을 6cm×6cm로 잘라 배접지 6cm×6cm에 풀로 붙인다

4) 3)의 테두리를 초먹인 한지로 마감한다.
   (한지는 양초를 살짝 바른 후 수저로 살살 문질러 초를 없앤 다음 사용한다.)

*표지 누비기

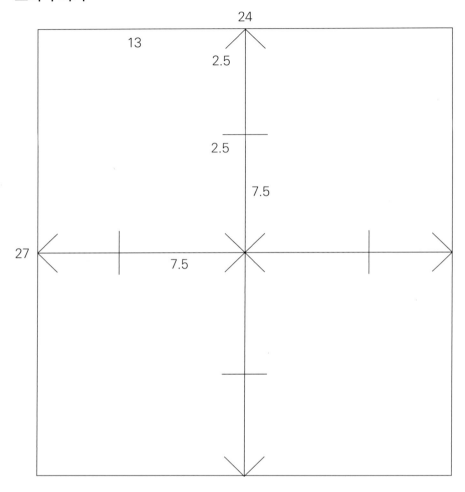

1) 27cm×30cm의 무명에 문양을 그린다.(완성후 줄어든다)
2) 광목을 뒷지로 대고 문양대로 온박음질한다.
3) 무명과 광목 사이에 1.5mm의 면끈을 넣고 문양을 따라 온박음질한다.
4) 누벼진 무명을 24cm×27cm로 잘라 같은 크기의 배접지에 붙인다.
5) 4)를 초먹인 한지로 테두리하여 마감한다.

*실첩 만들기

1) ㉮에 3)번의 한지상자를 붙인다.

　　(이때 상자가 교차하여 열려야 하므로 방향에 신경을 써야한다.)

2) ㉯에 2)번의 한지상자를 붙인다.

　　(이때 상자가 교차하여 열려야 하므로 방향에 신경을 써야한다.)

3) ㉰에 1)번의 한지상자를 붙인다.

　(이때 상자가 교차하여 열려야 하므로 방향에 신경을 써야한다.)

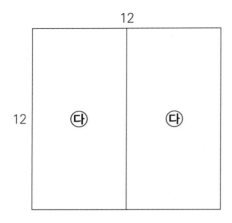

4) ㉱에 누벼진 무명을 붙인다.

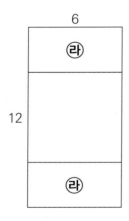

5) 표지 배접지 안쪽에 (4)상자(가장 큰 상자)를 붙여 완성한다

6) 표지 배접지 밖으로 누빔을 붙여 표지를 완성한다.

7) 78cm의 가는 끈을 만들어 표지 중앙에 고정시킨다.

8) 끈 끝에 고리를 달아 완성한다.

골무상자

28.5cm×16cm×7.5cm | 무명, 명주실, 한지끈, 한지, 소나무상자

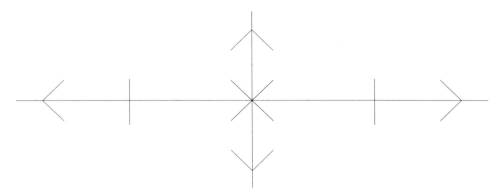

복숭아모양 열쇠패

14cm×55cm | 명주, 명주실, 면끈

복숭아 모양의 주머니에 모란꽃을 누벼
벽사(辟邪 사악한 기운을 물리침)의 의미를 더
하였다.

길상(吉祥)의 모양을 만들어 누벼 완성하였다.
출가하는 딸에게 복을 비는 어머니의 마음이다.

연화문 열쇠패

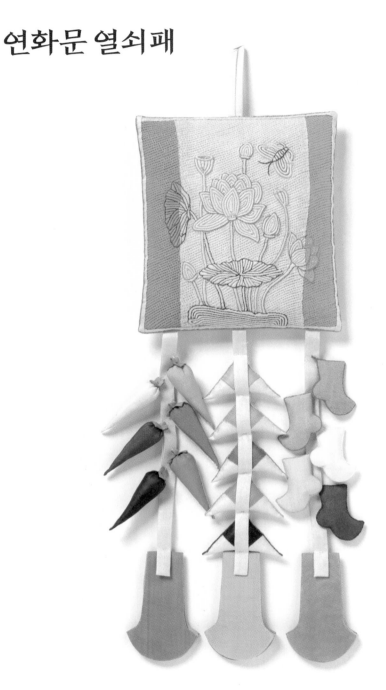

15cm×48cm | 명주, 명주끈, 면끈

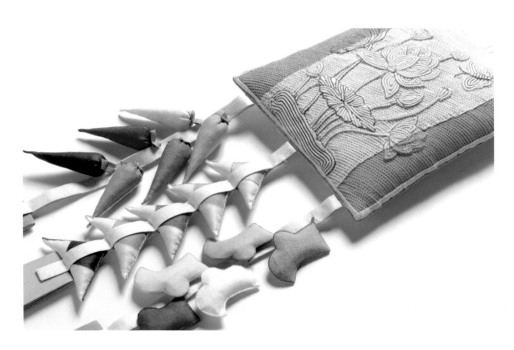

열쇠패는 고종조 전후의 조선시대에 만들어졌다.
상류사회에서 신부의 혼수품으로 사용되던 것이다.

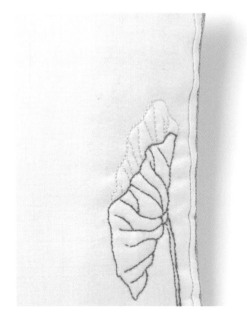

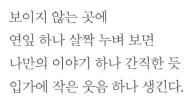

보이지 않는 곳에
연잎 하나 살짝 누벼 보면
나만의 이야기 하나 간직한 듯
입가에 작은 웃음 하나 생긴다.

매조도 열쇠패

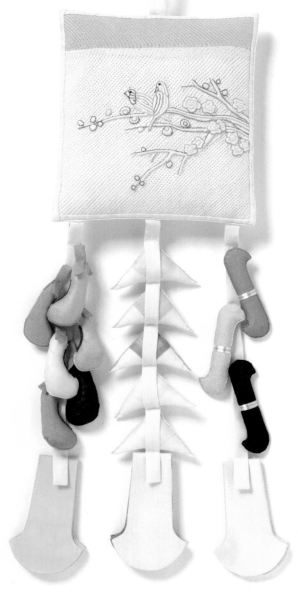

15cm×46cm | 명주, 명주끈, 면끈

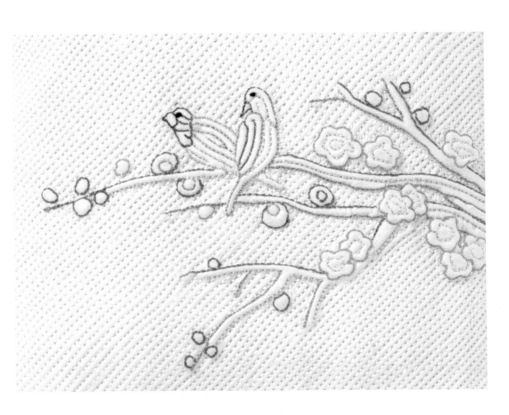

'매조도'에서 도안을 따와 누볐다.
출가하는 딸에게 아버지의 마음도 함께 담아주기에 충분하다.

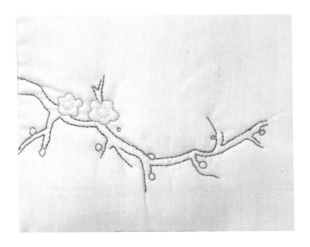

전통 토시

12.5cm×23.5cm | 명주, 명주실, 한지끈

방한용으로 만들어 팔뚝에 끼는 것으로 주로 소매 속에 끝단이 살짝 보이도록
착용하였다. 감추어지는 소품이지만 화려하게 색감을 살리고 문양을 넣어 한껏
멋을 내었다. 오래전 염색하여 다듬이된 명주를 그대로 사용하였다.

예단보

21.5cm×13cm(전체 45cm×45cm, 끈길이 3cm×56cm) | 다듬이모시, 명주, 명주실, 면끈

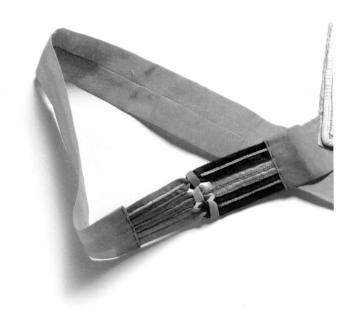

단정하고 정갈한 다듬이 모시를 보자기로 만들고 끝단에 명주로 색실누비를 하여
달아주었다. 끈 중간에 기러기매듭을 넣어 정성을 더하였다.

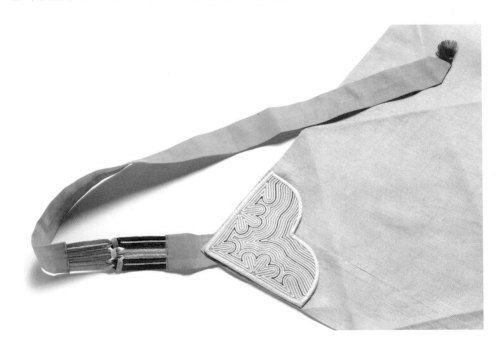

사주보

12cm×36cm | 숙고사, 명주실, 명주, 면끈

신랑의 사주를 넣어 신부에게 보내는 전통소품이다.
모란과 원앙을 누벼 현대적인 표현을 했다.

사주보

12cm×30cm | 숙고사, 명주실, 명주, 한지끈

청, 홍의 천을 배색하여 전통적인 색감을 그대로 살렸으나 화려한 기러기와
나비 한 쌍, 목단을 누벼 길상(吉祥)의 의미를 더하였다.

약낭

11cm×14cm, 11cm×14cm | 명주, 명주실, 면끈, 매듭끈

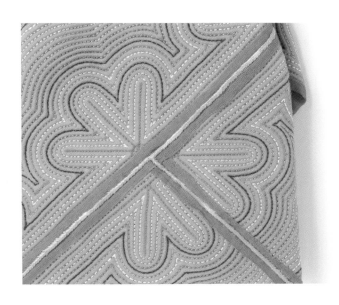

궁중에선 정월 첫 해일(亥日)에 볶은 콩 한 알을 종이에 싸서 넣은 주머니를 종친들에게 보내는 풍습이 있었다. 주머니는 남녀를 막론하고 즐겨 사용하던 일상용품이었다. 밝은 색감의 명주를 사용하여 약을 보관하지만 건강한 기운을 붙돋는 느낌을 살렸다.

약낭 만드는 방법

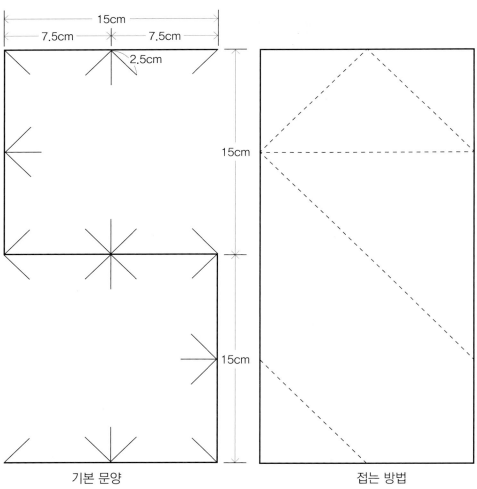

기본 문양   접는 방법

재료
명주, 1.2mm 면끈, 명주실(반푼사), 광목(20×40)

만드는 방법
1) 명주와 광목을 크기와 맞게 잘라 맞대어 시침한다.

2) 명주 위에 문양을 그려준다.

3) 그려진 문양을 온박음질 해준다.

4) 왼쪽부터 명주와 광목사이에 면끈을 넣고 온박음질한 선을 따라 면끈 왼쪽에
   온박음질 한다.

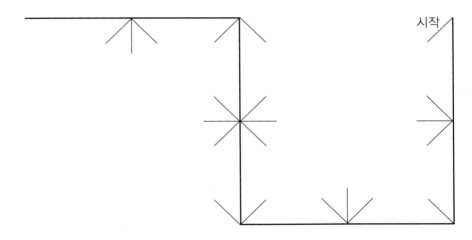

5) 완성된 누비 천을 크기에 맞게 자르고 가장자리를 바이어스 처리해 준다.

6) 접는 방법대로 접어 뒷부분을 휘갑치기로 이어준다.

7) 주름을 잡고 구멍을 뚫어 매듭끈을 장식한다.

이브닝백

28cm×11.5cm | 옻칠한 모시, 옻칠한 명주, 명주실, 은사, 한지끈

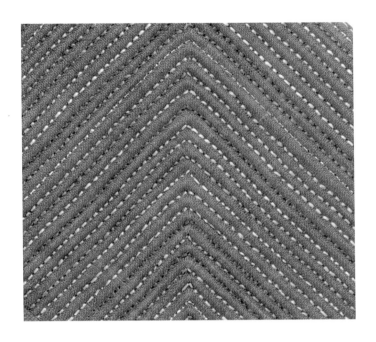

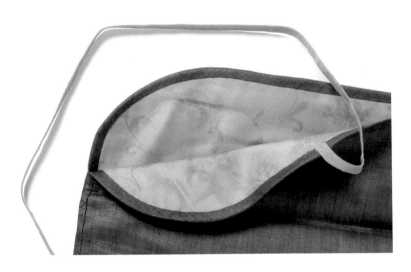

색실누비는 전통공예지만 얼마든지 현대적인 작품들로 재해석이 가능하다.
옻칠한 천을 사용하여 견고함과 고급스러움을 더하였다.

크로스가방

16cm×19cm(끈길이: 123cm) | 무명, 명주실, 면끈

전통적인 문양을 누볐을 때 또 다른 무늬가 나타난다.
이는 누비골 때문에 생겨나는 듯하다.
이런 무늬의 생성은 색실누비만의 특징이며 재미이며 신비로움이다.

액자

20cm×12cm | 무명, 명주실, 면끈, 아크릴액자

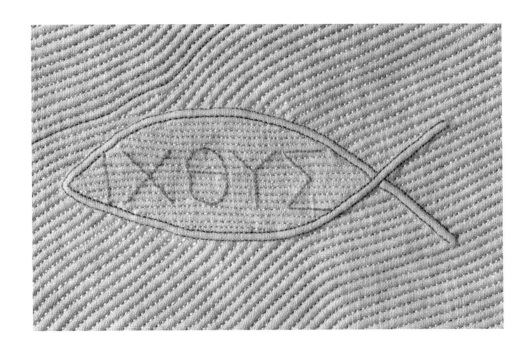

반짝반짝 보이는 은사가 물결을 연상시켜 물고기 모양에 생동감을 준다.

액자

20cm×20cm | 무명, 명주실, 한지끈, 아크릴액자

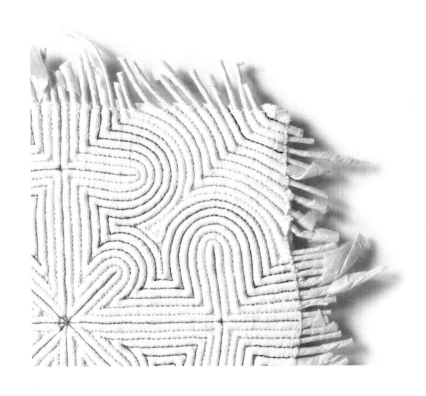

가장 대표적인 전통문양이다. 마치 꽃을 표현한 듯싶기도 하고
그것을 초월하여 자유로운 모양의 선의 확장인 듯싶기도 하다.

액자

20cm×20cm | 무명, 명주실, 한지끈, 아크릴액자

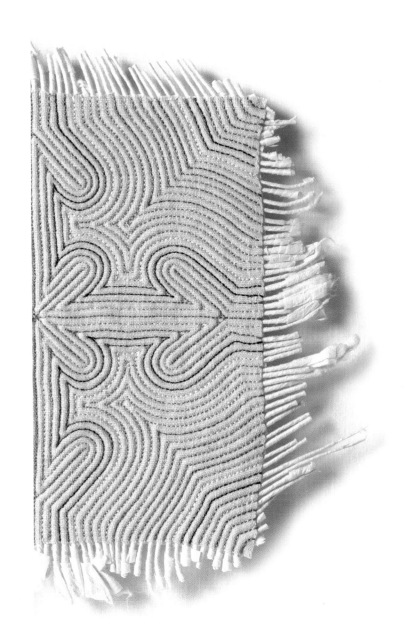

한지를 잘라내지 않고 하나의 표현기법으로 사용하여 미술적인 미를 더하였다.
선의 미학을 보여주는 문양으로 색실누비에 반하게 된 계기가 되었다.

삼색노리개

5.5cm×46cm | 명주, 명주실, 면끈

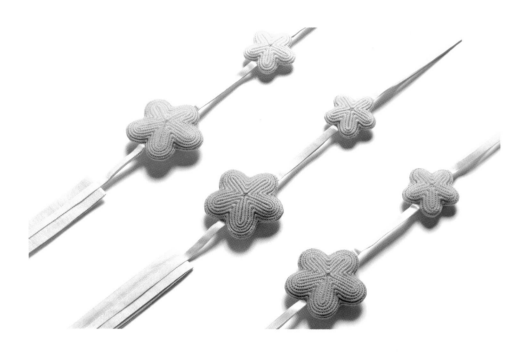

오래전 다듬이한 흰 명주의 질감이 세월을 넘어 고귀한 느낌을 준다.

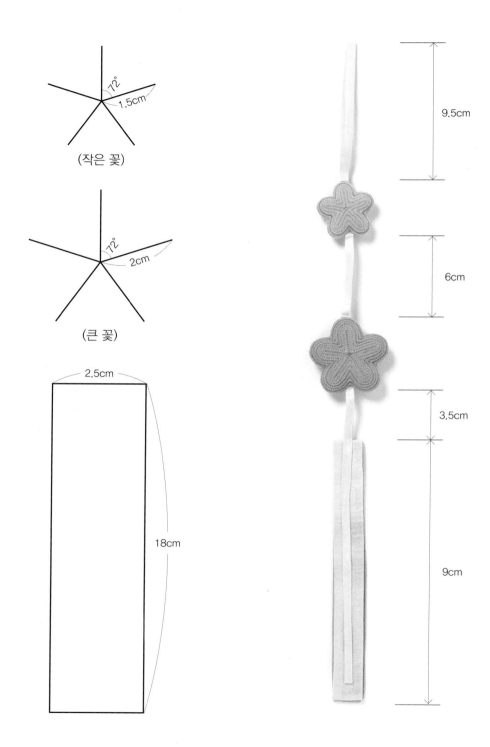

72°
1.5cm

(작은 꽃)

72°
2cm

(큰 꽃)

2.5cm

18cm

9.5cm

6cm

3.5cm

9cm

삼색노리개 만드는 방법

1) 명주 위에 각각 1.5cm, 2cm의 선을 72°의 간격으로 각각 2장씩 그린다.

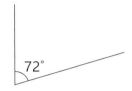

2) 명주와 광목을 마주대고 문양대로
   온박음질한다.(작은꽃 2장, 큰꽃2장)

3) 명주와 광목사이 끈을 넣고 기본문양을
   따라 온박음질하여 누벼준다.

4) 시작한 곳에 이르면 끈을 잘라 한 줄의
   꽃을 완성한다. 이러한 방법으로 작은 꽃은
   4줄, 큰 꽃은 6줄을 누벼 꽃모양을 완성한다.

5) 누벼진 명주를 시접 1cm로 자르고 안쪽으로 꺾어
   서로 맞대어 중간에 솜을 넣고 휘갑치기로
   이어준다. (바이어스는 하지 않는다)

6) 흰 명주로 끈과 꼬리를 만들어 완성시킨다.

2번째 시작점

나비노리개와 박쥐노리개

7.5cm×23cm | 명주, 명주실, 면끈   10cm×23cm | 명주, 명주실, 면끈

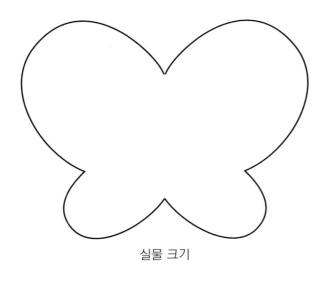

실물 크기

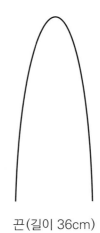

끈(길이 36cm)

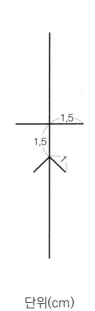

1.5

1.5

단위(cm)

꼬리장식(2장)

나비 노리개 만드는 법

재료
명주, 명주실, 광목, 면끈(1mm), 구름솜

만드는 법
1) 명주와 광목을 맞대어 시침한 후 문양을 그린다.

2) 그려진 선을 따라 온박음질한다.

3) 명주와 광목사이에 끈을 넣고
   기본선을 따라 온박음질한다.

4) 누벼진 천을 나비모양으로 자르고
   바이어스를 대어 완성한다.

5) 2장을 맞대어 중간에 솜을 넣어
   휘갑치기로 이어준다.

6) 끈과 꼬리를 만들어 완성한다.

   끈길이: 0.5cm×18cm
   꼬리크기: 4cm×9cm

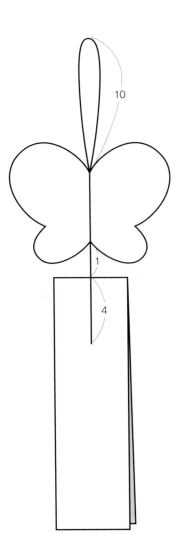

매미노리개와 새노리개

6.5cm×23cm | 명주, 명주실, 면끈   8.5cm×23cm | 명주, 명주실, 면끈

괴불노리개

8cm×23cm | 명주, 명주실, 면끈

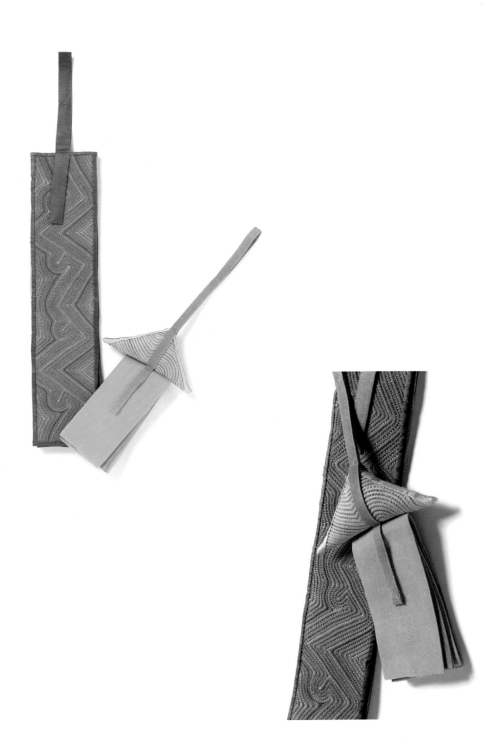

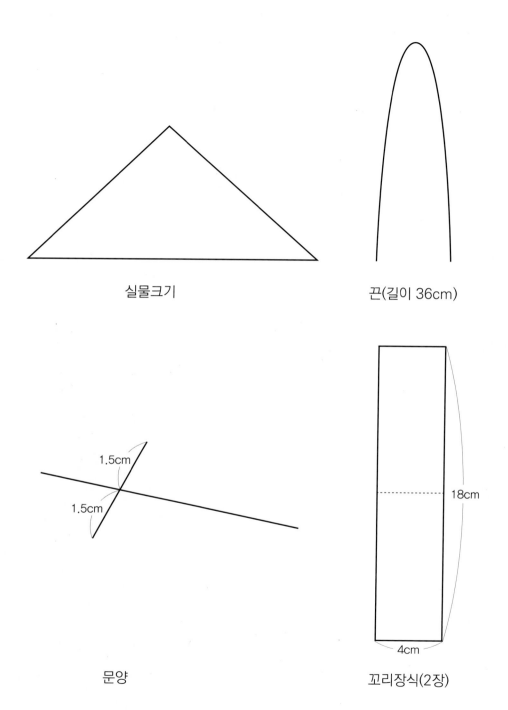

실물크기

끈(길이 36cm)

1.5cm

1.5cm

18cm

4cm

문양

꼬리장식(2장)

괴불노리개 만드는 법

재료
명주, 명주실, 광목, 면끈(1mm), 구름솜

만드는 법
1) 명주와 광목을 맞대어 시침한 후 문양을 그린다.

2) 그려진 선을 따라 온박음질한다.

3) 명주와 광목사이에 끈을 넣고
   기본선을 따라 온박음질한다.

4) 누벼진 천을 네모모양으로 자르고
   바이어스를 대어 완성한다.

5) 반으로 접어 세모모양의 괴불로 만들어
   중간에 솜을 넣고 휘갑치기로 이어준다.

6) 끈과 꼬리를 만들어 완성한다.

   끈길이: 0.5×18cm
   꼬리: 4cm×9cm

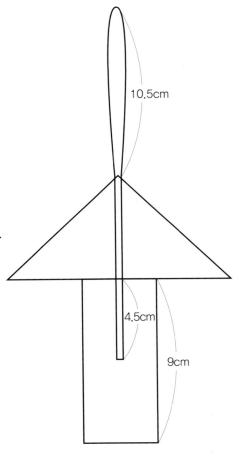

안경집 노리개

4cm×28cm | 명주, 명주실, 면끈, 안경집백골, 옥구슬, 매듭끈

지금은 사용되지 않는 안경집 모양이지만 색실누비를 만나
섬세하게 표현되어 장식품으로 다시 태어났다.

잣씨노리개

6.5cm×25cm | 명주, 명주실, 면끈

색실누비의 대표적인 문양을 누벼 잣씨로 장식하였다.

잣씨노리개 만드는 법

1) 1cm의 명주를 길게 반으로 접은 후 삼각모양으로 접어 잣씨를 24개 만든다.

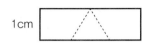

2) 명주에 문양을 그린 후 광목을 뒷지로 대어 문양대로 온박음질한다.

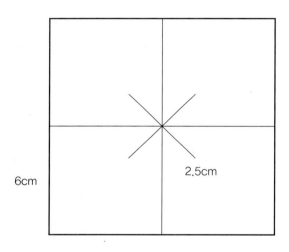

3) 그려진 문양을 따라 1mm의 끈을 천과 천 사이에 넣고 온박음질한다.

4) 누벼진 명주를 5cm×5cm로 잘라 테두리에 바이어스를 하여 마무리한다.

5) 바이어스 뒤로 잣씨를 달아준다.

6) 0.5cm×32cm의 끈을 반으로 접어 누벼진 명주 뒤로 달아준다.

7) 잣씨를 가운데 두고 명주로 뒷지를 대어 감침질한다.

8) 2cm×9cm의 꼬리를 만들어 달아 완성한다.

선추

1.5cm×40cm | 명주, 명주실, 한지끈, 은침통

침통은 침을 넣어 지니고 다닐 수 있도록 만들어져
비상시 요긴하게 쓰일 수 있도록 만들었다.

침쌈지

20cm×13cm | 무명, 명주실, 면끈

홍화염색한 무명에 문양을 넣어 누볐다.
모시로 만든 연봉 단추는 세련된 느낌을 준다.

적삼모양의 무명 날개를 달아 침을 보관할 수 있도록 만들었다.

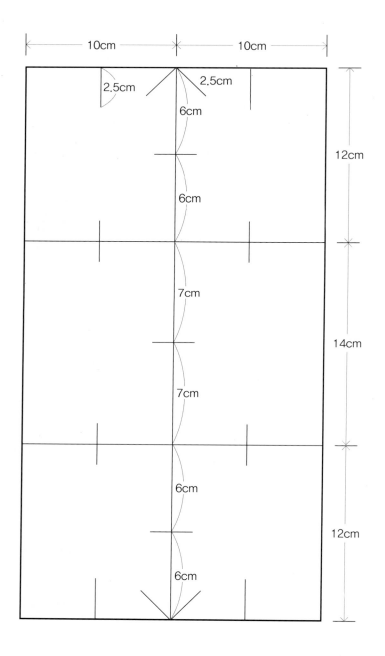

침쌈지 만드는 법

재료
무명, 명주실, 면끈(1.2mm), 연봉단추

만드는 법
1) 무명과 광목을 시침하여 문양을 그려준다.

2) 그려진 문양을 온박음질한다.

3) 바깥쪽 선 밖으로 끈을 넣고 먼저 2줄 온박음질한다.
   (이 부분은 바이어스를 대어 완성할 부분이다. 기본선이 잘 살아 나도록 바깥쪽으로 바이어스를 대어주기 위해 필요하다.)

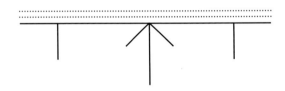

4) 면끈을 넣고 온박음질된 문양을 따라 온박음질한다.

5) 다 누벼진 무명을 크기대로 잘라 가장자리에 바이어스를 대어 마무리한다.

6) 3분 1 부분을 접어 양 끝을 휘갑치기로 이어준다.

7) 상단부분에 적삼모양의 날개를 달아준다.

8) 단추구멍을 만들어 쌈지에 달고 연봉단추도 달아 완성한다.

삼단쌈지

20cm×10cm | 무명, 명주실, 면끈, 명주

유물에 있는 쌈지이다.
쌈지 안쪽이 지금의 쓰임새와 다르게 꾸며져 있다.
소목으로 염색한 부분과 쪽과 괴화로 염색한 부분
이 대비를 이루어 문양이 돋보이도록 하였다.

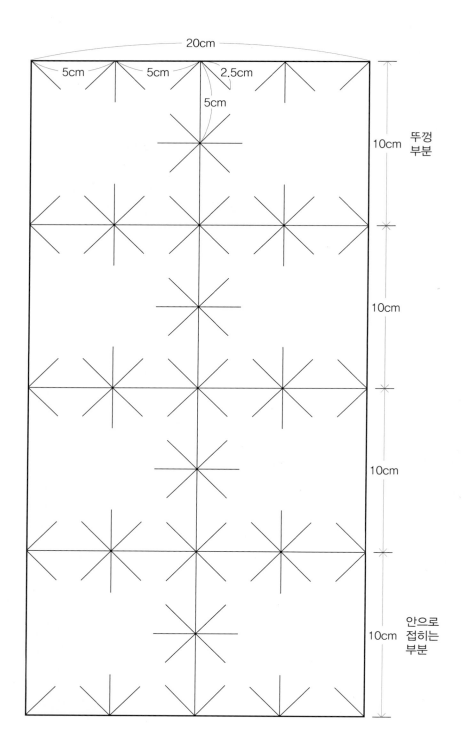

20cm

5cm   5cm   2.5cm

5cm

10cm   뚜껑
부분

10cm

10cm

10cm   안으로
접히는
부분

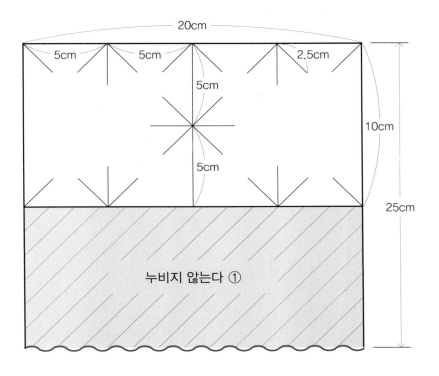

20cm

5cm 5cm 2.5cm

5cm

5cm

10cm

25cm

누비지 않는다 ①

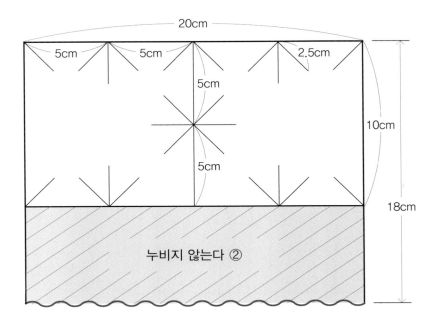

20cm

5cm 5cm 2.5cm

5cm

5cm

10cm

18cm

누비지 않는다 ②

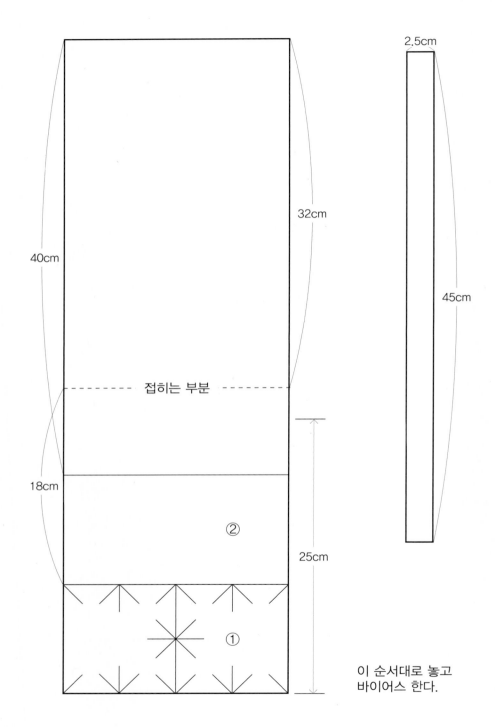

2.5cm

32cm

40cm

45cm

접히는 부분

18cm

②

25cm

①

이 순서대로 놓고
바이어스 한다.

삼단쌈지 만드는 법

재료
무명, 명주실, 면끈(1.2mm), 명주

만드는 법

1) 무명을 5cm~6cm가량 뒷지로 사용한다. 무명 5~6cm가량을 접어 끈을 넣고 한
   줄 누빈 후 문양을 그려준다.(뒷지가 없는 부분 35cm가량은 광목을 이어 뒷지로
   사용한다. 이는 안쪽에서 보이는 부분을 이쁘게하기 위한 것이다.)

2) 그려진 문양을 온박음질한다.

3) 면끈을 넣고 온박음질된 문양을 따라 온박음질한다.
   (쌈지 속에 들어갈 부분도 같은 방법으로 크기를 다르게 하여 2장 더 만든다.)

4) 다 누벼진 겉지 아래 부분에 바이어스 한다.

5) 다 누벼진 천을 그림과 같은 순서로 놓고 양끝을 바이어스 한다.

6) 끝부분이 2cm정도 내려오게 반으로 접어 휘감치기하여 이어준다.

7) 명주로 끈을 달아 완성한다.

연꽃문양쌈지

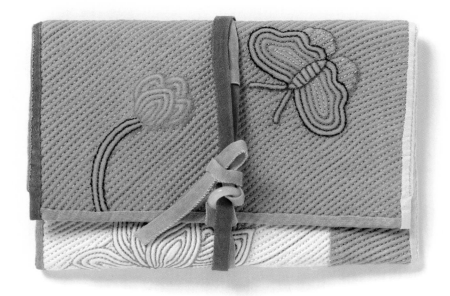

14cm×9cm | 명주, 명주실, 면끈

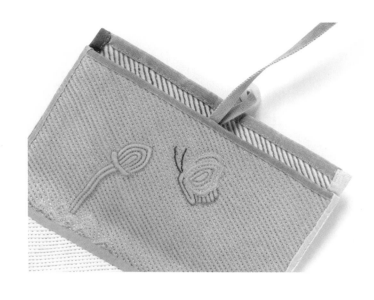

여러 색의 명주를 덧대어
연꽃문양의 아름다움을 극대화시켰다.

흰무명쌈지

18cm×9cm | 무명, 면실, 면끈, 명주, 옥구슬

누비다 보면 만나게 되는 또 다른 문양은
어쩌면 우리가 살다 좋은 인연을 만나게
되는 것과 닮아 있다.

쌀가루처럼 흰 무명은 우리 선조들이
가장 쉽게 얻을 수 있는 소재이다.
흰 무명에 흰 면실로 누벼 일상용품을
만드는 '성녕'에 가장 충실한 작품이다.

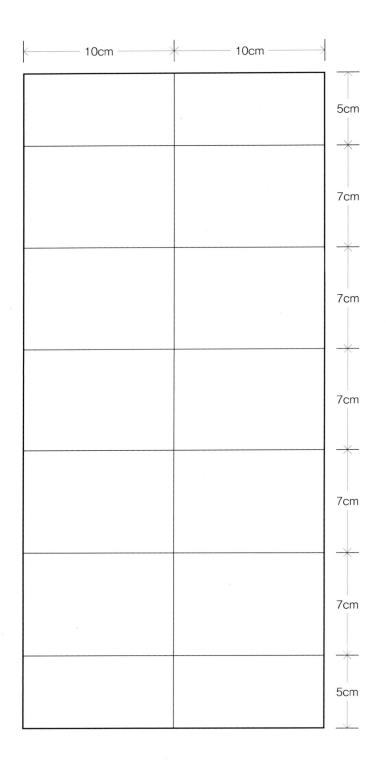

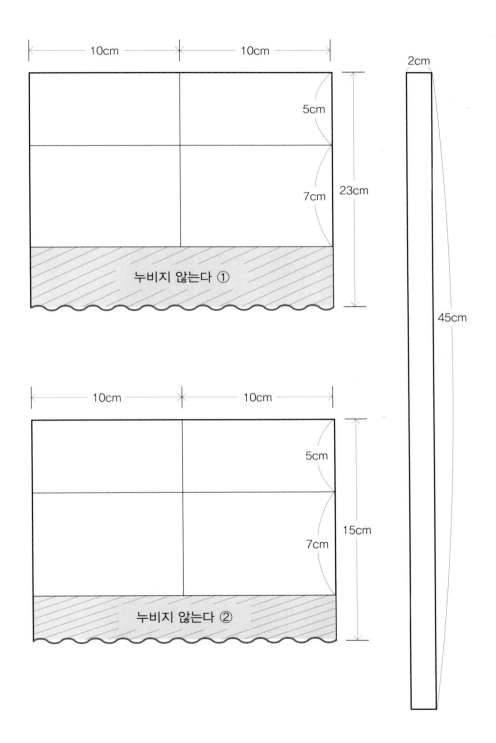

누비지 않는다 ①

누비지 않는다 ②

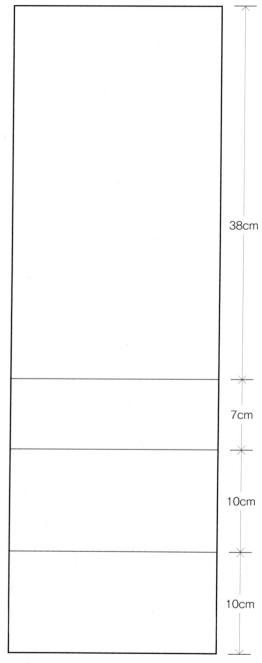

38cm

7cm

10cm

10cm

이 순서대로 놓고 바이어스한다.

흰무명쌈지 만드는 법

재료
무명, 흰면실, 면끈(1.2mm), 명주, 옥구슬

만드는 법
1) 무명과 광목을 시침하여 문양을 그려준다.

2) 그려진 문양을 온박음질한다.

3) 면끈을 넣고 온박음질된 문양을 따라 온박음질한다.
   (쌈지 속에 들어갈 부분도 같은 방법으로 크기를 다르게 하여 2장 더 만든다.)

4) 다 누벼진 무명을 크기대로 잘라 위, 아래 부분, 양끝 순서로 바이어스를 대어
   마무리한다.

5) 누벼진 무명을 안쪽은 순서대로 놓고 겉부분의 3분에 1접어 길이를 맞추어
   양끝을 휘갑치기로 이어준다.

7) 명주로 끈을 만들어 끝동에 구슬을 달아 완성한다.

수직실크쌈지

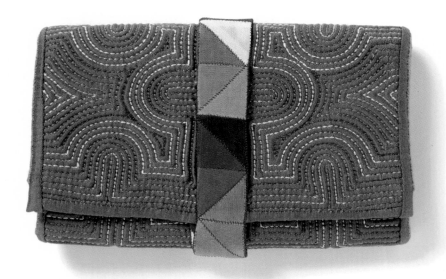

14cm×9.5cm | 수직실크, 명주실, 면끈, 명주

빛의 각도에 따라 달리 보이는 문양이
마치 의도된 패턴처럼 보인다.
사선보 모양의 끈을 달아 전통적인
미와 현대미가 잘 어울려있다.

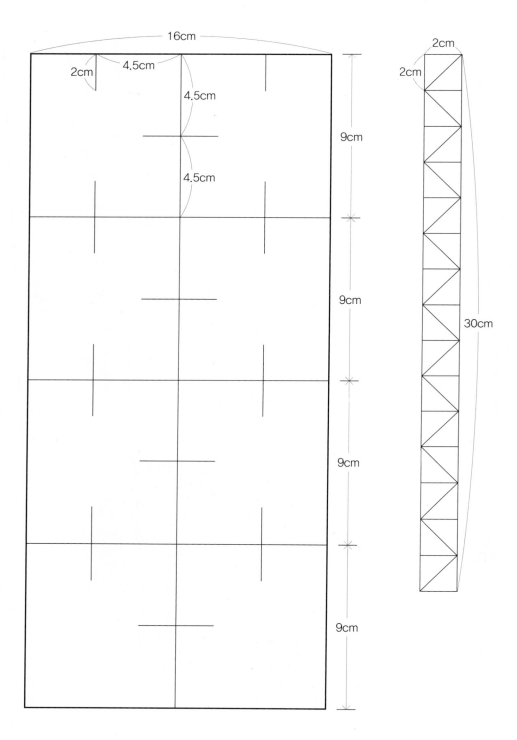

16cm

2cm

4.5cm

4.5cm

4.5cm

9cm

9cm

9cm

9cm

2cm

2cm

30cm

수직실크쌈지 만드는 법

재료

무명, 명주실, 면끈(1.2mm), 명주

만드는 법

1) 무명과 광목을 시침하여 문양을 그려준다.

2) 그려진 문양을 온박음질한다.

3) 바깥쪽 선 밖으로 끈을 넣고 먼저 2줄 온박음질한다.
   (이 부분은 바이어스를 대어 완성할 부분이다. 기본선이 잘 살아나도록 바깥쪽으로
   바이어스를 대어주기 위해 필요하다.)

4) 면끈을 넣고 온박음질된 문양을 따라 온박음질한다.
   (쌈지 속에 들어갈 부분도 같은 방법으로 크기를 다르게 하여 2장 더 만든다.)

5) 누벼진 무명을 크기대로 잘라 위, 아래 부분, 양끝 순서로 바이어스를 대어 마무리
   한다.

6) 누벼진 무명을 안쪽은 순서대로 놓고, 겉부분은 3분의 1을 접어 길이를 맞추어
   양끝을 휘갑치기로 이어준다.

7) 명주로 사선보 모양의 끈을 만들어 달아 완성한다.

모란문양쌈지

19cm×10cm | 명주, 명주실, 면끈

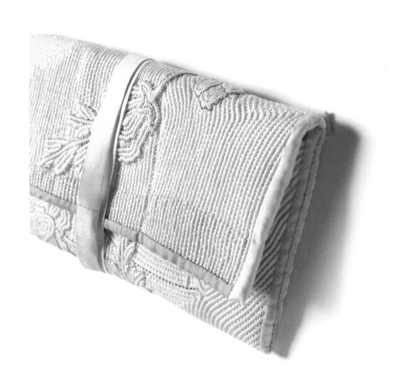

모란꽃을 수를 놓듯이 누벼
여성스러운 멋을 더하였고
끝동에 다른 색의 천을 대어
자연스러우면서 현대적인
느낌을 살렸다.

카드지갑

13cm×8cm | 무명, 명주사, 면끈

쪽염을 한 무명은 우리 선조들이
흔하게 얻을 수 있는 소재이다.
발효쪽을 한 무명에 단순한 문양을
누벼 카드를 넣을 수 있도록
만들었다.

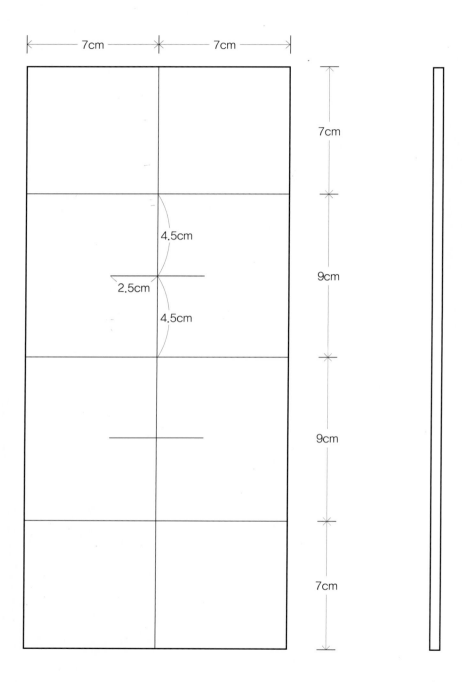

카드지갑 만드는 법

재료
무명, 명주실, 면끈(1.2mm),

만드는 법

1) 무명과 광목을 시침하여 문양을 그려준다.

2) 그려진 문양을 온박음질한다.

3) 면끈을 넣고 온박음질된 문양을 따라 온박음질한다.

4) 다 누벼진 무명을 크기대로 잘라 가장자리에 위, 아래 부분,
   양끝 순서로 바이어스를 대어 마무리 한다.

6) 누벼진 무명의 양 끝을 안으로 대문접기하여 휘갑치기한다.

7) 무명으로 끈을 만들어 상침으로 모양을 내어 달아 완성한다.

흰쌈지

11.5cm×8cm | 무명, 면실, 면끈

강릉 동양자수박물관에 전시된 쌈지를 보고 만들어본 쌈지다.
색실누비쌈지 사이에 순백의 무명쌈지가 소박하지만 품위 있어 보였다.

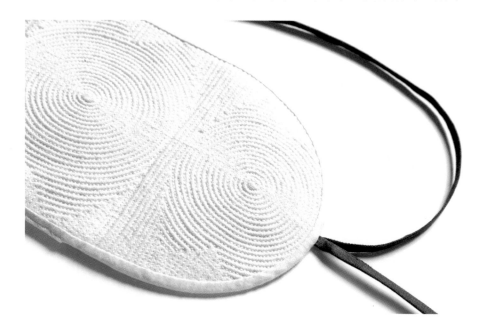

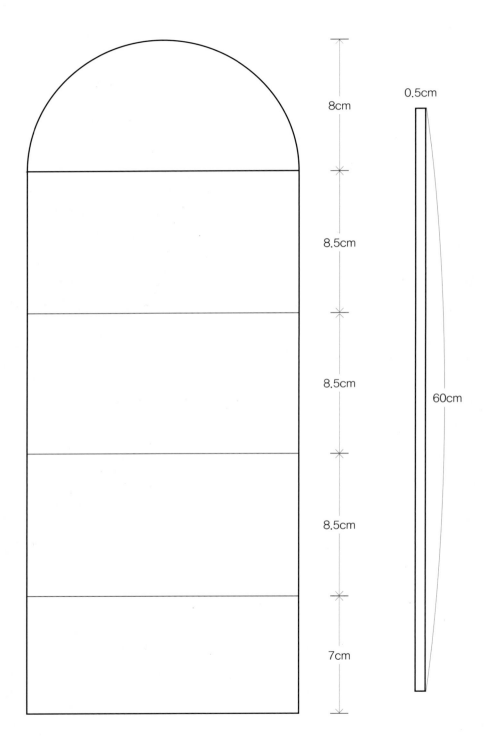

8cm

8,5cm

8,5cm

8,5cm

7cm

0,5cm

60cm

흰쌈지 만드는 방법

재료
무명, 흰면실, 면끈(1mm)

만드는 법

1) 무명과 광목을 시침하여 각각의 크기대로 나누어 나눈선을 온박음질한다.

2) 나누어진 칸 중앙에 면끈을 동그랗게 말아 박은 후 또아리를 틀듯 끈을 넣고
   온박음질하여 누빈다.

3) 나누어진 칸에 원이 닿으면 천 중앙에 선을 그어 온박음질한 후 선을 따라 누빈다.

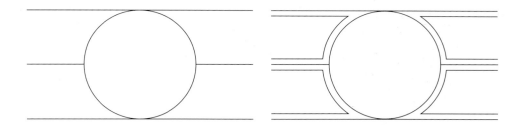

4) 뚜껑부분은 반원 모양으로 잘라 바이어스하고 속으로 들어가는 부분은 직선으로
   잘라 바이어스 한다.

5) 양끝을 바이어스하고 접어 접힌 부분은 휘갑치기로 이어준다.

6) 명주로 끈을 만들어 달아 완성한다.

검은쌈지

18cm×9cm | 무명, 면실, 면끈

검은색 무명에 면실로 누벼 소박한 소재지만 화려함을 더했다.
바이어스를 여러 색으로 덧대어 마무리한 점도 아름답다.
끈에 기러기매듭을 달아 장식을 더하였다.
다른 하나는 옥 단추를 달아 문양을 돋보이게
하였다. 공이 많이 들어간 쌈지로 솜씨
를 한껏 뽐냈다.

중쌈지

11cm×7.5cm | 무명, 명주실, 면끈

직선과 곡선의 조화가 아름답다.
손에 '쏙' 들어갈 만한 크기로
사용하기에도 유용하다.

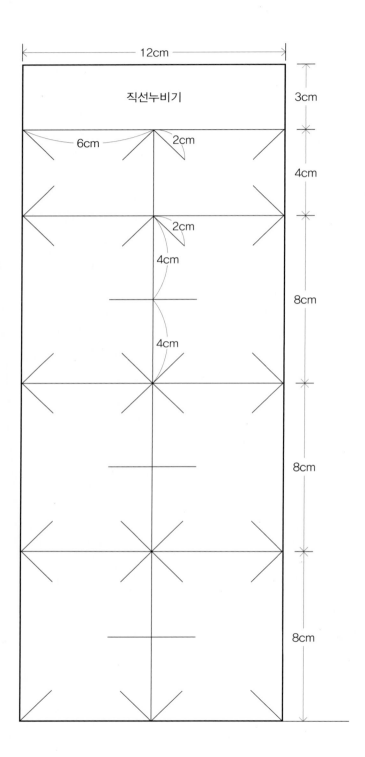

직선누비기

12cm

6cm 2cm

2cm

4cm

4cm

3cm

4cm

8cm

8cm

8cm

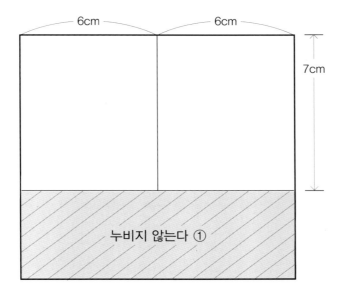

누비지 않는다 ①

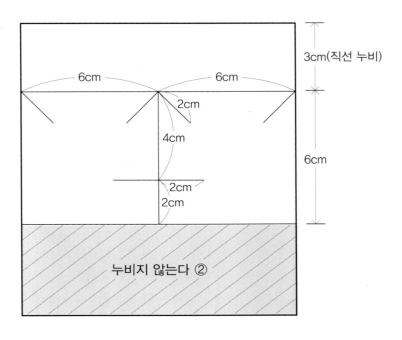

누비지 않는다 ②

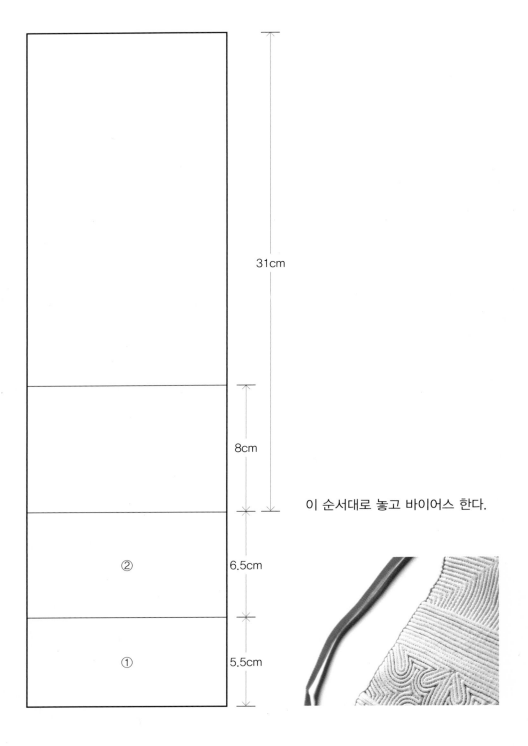

31cm

8cm

이 순서대로 놓고 바이어스 한다.

② 6.5cm

① 5.5cm

중쌈지 만드는 방법

재료
무명, 명주실, 면끈(1.2mm)

만드는 법

*겉면
1) 무명과 광목을 시침하여 문양을 그린다.

2) 그려진 문양을 온박음질한다.

3) 온박음질한 선을 따라 끈을 넣고 누벼준다.

4) 위, 아래 부분을 바이어스 해준다.

*속지
1) 무명을 반으로 접어 끈을 한줄 넣고 온박음질한다.

2) 온박음질한 선 위로 문양을 그린 후 온박음질한다.

3) 온박음질한 선을 따라 끈을 넣고 누빈다.

*완성
1) 그림의 순서대로 놓고 양끝을 바이어스하여 준다.

2) 그림의 참조하여 접어 휘갑치기로 이어준다.

3) 끈을 만들어 달아 완성한다.

부싯돌쌈지

12.5cm×7cm, 11cm×5.5cm, 10cm×6cm | 무명, 명주실, 면끈

부싯돌 쌈지이다. 지금은 부싯돌을 사용하지 않지만 앙증맞은
크기의 쌈지에 부싯돌 대신 가락지를 넣어도 좋을 듯싶다.

바늘겨레 1

7cm×12cm, 5.5cm×9cm | 무명, 명주실, 면끈, 명주

바늘을 넣어 장식용으로 착용하였던 것으로 바늘은 비상시 요긴하게 사용되었다. 여인들이 늘 지니고 다녔을 바늘은 규중칠우(閨中七友)처럼 그녀들의 가장 가까운 친구였을 듯하다.

바늘겨레 2

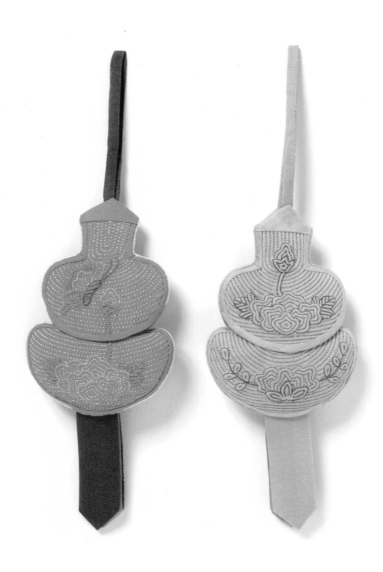

7.5cm×10cm, 7.5cm×10cm | 무명, 명주실, 면끈, 명주

바늘방석

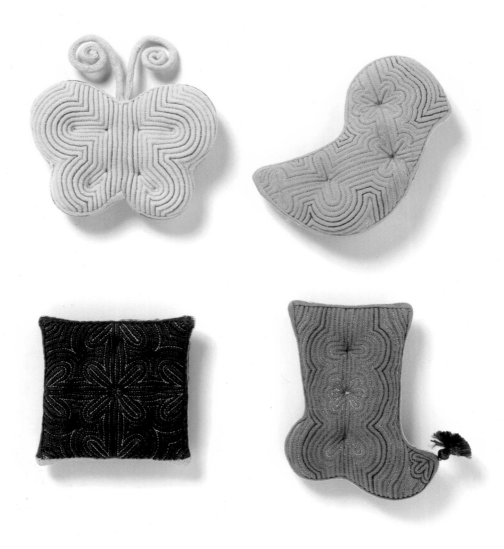

나비: 10cm×11cm, 사각: 8cm×8cm, 새: 12cm×8.5cm, 버선: 9cm×11cm

| 무명, 명주실, 면끈, 방울솜

기존의 바늘방석의 형태에서 벗어나 재미있는 여러 형태로 재해석하였다.
바늘방석으로 쓰여도 좋고 장식용으로 쓰여도 좋을듯하다.

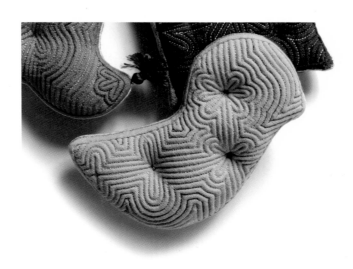

바늘방석

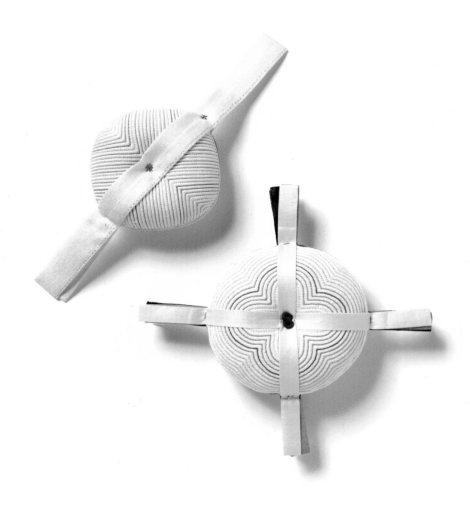

8cm×19cm, 19cm×19cm | 무명, 면실, 면끈, 명주

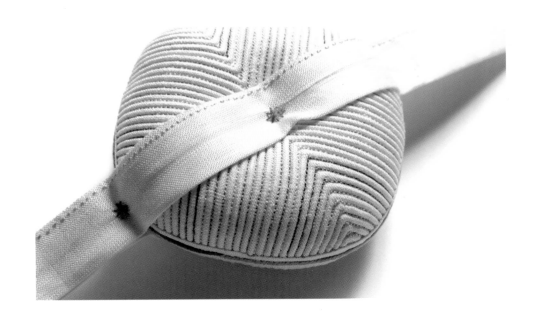

유물을 재현한 것으로 박쥐를 중심에 두었다.
날개끈 하나도 소홀함이 없이 표현한 그 여인을 만나 차 한 잔하고 싶다.

실패

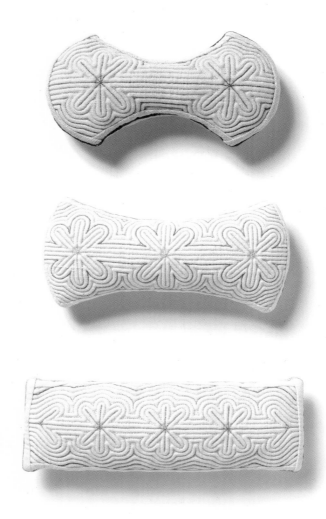

7cm×15cm | 무명, 명주실, 명끈, 한지

허리가 잘록한 실패는 안쪽에 한지를 배접하여 단단하게 만들었다.

누비보자기 자경전 꽃담 매화문

45cm×45cm | 명주, 명주실, 면끈, 목화솜

자경전 꽃담에 그려진 문양을 솜누비하여 색실누비로 마무리하였다.

누비보자기 자경전 꽃담 석류문

50cm×50cm | 명주, 명주실, 면끈, 목화솜

자경전 꽃담 문양 중 석류 그림이다.
도화서 화공의 천재적인 그림이 지금 화실에 걸려도 손색없이 현대적이다.

자경전 꽃담 문양을 누비며 그것을
흙담에 그렸을 도화서 화원을 몇
번이고 불러보았다.
바늘 몇 땀에 말을 걸어본다.
어떻게 그 시절 이리도 현대적인
감각으로 나무를 표현하였는지…,
무슨 생각을 하며 표현하였는지…,
수없이 상상 속에서 시간을 거슬러
올라가 본다.

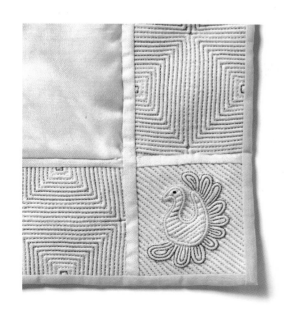